BEI GRIN MACHT SICH WISSEN BEZAHLT

- Wir veröffentlichen Ihre Hausarbeit,
  Bachelor- und Masterarbeit

- Ihr eigenes eBook und Buch -
  weltweit in allen wichtigen Shops

- Verdienen Sie an jedem Verkauf

Jetzt bei www.GRIN.com hochladen und kostenlos publizieren

Markus Scholze

Entwicklungshilfe heute. Ziele, Wirksamkeit und Probleme

GRIN Verlag

Bibliografische Information der Deutschen Nationalbibliothek:

Die Deutsche Bibliothek verzeichnet diese Publikation in der Deutschen National-
bibliografie; detaillierte bibliografische Daten sind im Internet über http://dnb.d-
nb.de/ abrufbar.

Impressum:

Copyright © 2010 GRIN Verlag GmbH
Druck und Bindung: Books on Demand GmbH, Norderstedt Germany
ISBN: 978-3-656-44445-9

Dieses Buch bei GRIN:

http://www.grin.com/de/e-book/215857/entwicklungshilfe-heute-ziele-wirksamkeit-
und-probleme

GRIN - Your knowledge has value

Der GRIN Verlag publiziert seit 1998 wissenschaftliche Arbeiten von Studenten, Hochschullehrern und anderen Akademikern als eBook und gedrucktes Buch. Die Verlagswebsite www.grin.com ist die ideale Plattform zur Veröffentlichung von Hausarbeiten, Abschlussarbeiten, wissenschaftlichen Aufsätzen, Dissertationen und Fachbüchern.

Besuchen Sie uns im Internet:

http://www.grin.com/

http://www.facebook.com/grincom

http://www.twitter.com/grin_com

Entwicklungshilfe heute – Ziele, Wirksamkeit und Probleme

Markus Scholze

Inhaltsverzeichnis

Einleitung

In dieser Ausarbeitung geht es um die Umsetzung der Entwicklungsziele und – strategien in der österreichischen Entwicklungszusammenarbeit. Mithilfe von Experteninterviews wird versucht, Fragen der Wirksamkeit, Nachhaltigkeit und Evaluierung von Entwicklungsprojekten zu klären. Von einer erfolgreichen und nachhaltigen Projektausführung hängt nicht nur das Schicksal der von Armut betroffenen Menschen ab, sondern genauso das Image und vor allem die Spenden und Subventionen, welche die einzelnen Organisationen erwarten können. Immerhin bringen die kirchlichen und privaten österreichischen Organisationen Spendenmittel von jährlich über 70 Millionen Euro[1] auf.

Entwicklungshilfe – Ziele, Wirksamkeit und Probleme

In diesem Abschnitt wird der Fokus auf die Ziele, Wirksamkeit, Nachhaltigkeit und Probleme der Entwicklungshilfe gerichtet. Um einen aktuellen Bezug zu dieser Problematik herzustellen, wurden sechs ExpertenInnen österreichischer Organisationen interviewt, welche speziell in Äthiopien Entwicklungshilfe leisten. Befragt wurden: Walter Macher, Geschäftsführer von *ADRA Österreich (Adventist Development and Relief Agency)*, MitarbeiterInnen von *Menschen für Menschen, Licht für die Welt, Horizont 3000* und der *Comboni Missionare*. In Addis Abeba konnten wir außerdem eine gemeinsame Diskussion mit dem Leiter des ADA-Büros für Äthiopien, Dr. Leonhard Moll und seiner Mitarbeiterin Dr. Doris Gebru-Zeilermayer durchführen.

Bei unseren Experteninterviews handelte es sich um so genannte ermittelnde Interviews, bei denen der Informationsfluss zwischen Interviewer und Befragtem eher einseitig vom Befragten auf den Interviewer gerichtet ist, um bestimmte Informationen zu erheben. Wir versuchten, soziale Sachverhalte möglichst exakt zu erfassen und die Äußerungen der Befragten aufgrund theoretischer Überlegungen und Konzepte zu analysieren.[2] Die Auswertung erfolgte nach dem Prinzip von Mayring, der den Analyseprozess in drei unterschiedliche Techniken unterteilt; für unsere Analyse der Interviews wurde die *zusammenfassende Inhaltsanalyse* angewandt.[3] Das Interview wurde zu einem Kurztext zusammengefasst, der die wichtigsten Inhalte wiedergibt, wobei der Interviewverlauf und die Interviewergebnisse im Vordergrund stehen. Die Zusammenfassung wurde dann nach einem Kategoriensystem (Ziele, Wirksamkeit, Nachhaltigkeit, Evaluierungen), welches vorher gebildet wurde, geordnet und mit einleitenden Daten versehen.

---

[1] Quelle: OEZA Statistik. http://www.entwicklung.at/uploads/media/OEZA-Basisinformation_Nov2009.pdf Zugriff am 31.10.2010
[2] http://qsf.e-learning.imb-uni-augsburg.de/node/765; Zugriff am 21.11.2009
[3] http://www.uni-kassel.de/fb7/psychologie/methoden/Qualitativ.htm; Zugriff am 21.11.2009

Wir wollen ausfindig machen, welche Veränderungen von den Organisationen erzielt wurden und wie diese von den betroffenen Regionen bzw. Personen aufgenommen wurden. Außerdem wird der Frage nachgegangen, inwieweit die NRO´s ihre Ziele umsetzen können und welche Probleme damit verbunden sind. Des Weiteren wollen wir herausfinden, wie die Befragten zum Thema Wirksamkeit und Nachhaltigkeit ihrer Projekte stehen. Zudem wollten wir wissen, ob sie Ex-Post-Evaluierungen durchführen und ob es auch objektive Evaluierungen von unabhängigen Organisationen gibt.

Ziele und Erfolge der österreichischen Entwicklungszusammenarbeit

In diesem Abschnitt wird der Frage nachgegangen, inwieweit sich die Ziele der österreichischen NRO´s in Äthiopien umsetzten lassen und inwieweit eine Veränderung bewirkt werden kann. Immerhin hat das Land mit ökonomischen, politischen und ökologischen Problemen zu kämpfen, welche die Entwicklungszusammenarbeit zusätzlich erschweren. Es ist sehr schwierig, die Umsetzung der Ziele für Entwicklungszusammenarbeit objektiv zu überprüfen. Dazu wurde folgende Hypothese aufgestellt:

Die OEZA und die österreichischen NRO´s können ihre formulierten Ziele für die Entwicklungszusammenarbeit in Äthiopien – aufgrund demographischer, ökonomischer, politischer und ökologischer Probleme – nur sehr schwer umsetzen und somit relativ wenig an der entwicklungs-problematischen Situation Äthiopiens verändern.

Die Frage, welche Veränderungen durch die Entwicklungshilfe bei den betroffenen Personen erzielt werden können – wie zum Beispiel Erleichterung der Arbeitsbedingungen, bei den Einstellungen der Menschen (etwa im Hygienebewusstsein), Verbesserungen im sozialen Umfeld – und ob diese Veränderungen über die Projektlaufzeit hinaus zu beobachten sind, ist offensichtlich für die Experten selbst schwer zu beantworten. Auf der einen Seite müssen die Entwicklungsprojekte langfristig angelegt sein, um überhaupt eine Veränderung bei der betroffenen Bevölkerung zu bewirken. Gerade in den Bereichen der Hygiene, der Sauberkeit und der Lebenseinstellung braucht es viel Zeit um das Bewusstsein der Menschen zu sensibilisieren. Teilweise kann diese Bewusstseinsbildung während der Laufzeit eines Projektes gar nicht geschaffen werden. Auf der anderen Seite gibt es wiederum Projekte, die trotz aufwendiger Planung sehr effizient umgesetzt werden können, wie ein Mitarbeiter von *Licht für die Welt* erläutert. Wenn die notwendige Infrastruktur gegeben ist, können zum Beispiel Augenoperationen durchgeführt werden, diese lassen eine positive Veränderung im wahrsten Sinne des Wortes sehr schnell sichtbar werden. Natürlich besteht das Problem, dass die behandelten Menschen nicht zu den notwendigen Folgeuntersuchungen gehen und somit eine langfristige Verbesserung der gesundheitlichen und sozialen Situation nicht gewährleistet werden kann. Die Frage ist immer, wie die Projekte konzipiert sind.

Die Hilfsprojekte der katholischen Ordensgemeinschaft *Comboni Missionare* sind in erster Linie personenorientiert. „Die Veränderungen sind vielfältig und müssen, wenn sie für die Menschen vor Ort bedeutend sind, über die Projektlaufzeit hinausgehen", so unser Experte. Es geht also um Bildung im ganzheitlichen Sinne, die nur durch eine lange Projektlaufzeit geschaffen werden kann. Auch wenn Erfolge in der Bewusstseinsprägung verzeichnet werden können, ist es nach Meinung des Geschäftsführers von *ADRA Österreich* dennoch sehr schwierig, den Menschen in den Entwicklungsgebieten ein ‚westliches' Bild von Lebensstil und Arbeitsmoral, etc. beizubringen. Oft muss man nüchtern feststellen, dass sich Menschen in ihrer Einstellung kaum verändern. Obwohl sich in vielen Fällen die Menschen selbst nicht ändern, werden „die Projekte mit großem Elan und Begeisterung aufgenommen. [...] Die Projekte werden gemeinsam mit der ansässigen Bevölkerung geplant und sogar zum großen Teil von der Bevölkerung initiiert", so ein Mitarbeiter von *Menschen für Menschen*. Es wird großer Wert darauf gelegt, dass die Projekte nicht als Intervention, sondern als Unterstützung der eigenen Anstrengungen verstanden werden. Er führt weiter aus: „Der Ansatz von *Menschen für Menschen* ist ganzheitlich, Probleme der dörflichen Gemeinschaften werden in Ihrer Gesamtheit verstanden. So wird etwa keine Schule gebaut ohne auch Brunnen in den umliegenden Ortschaften zu errichten. Sonst würde das Wasserholen die Mädchen der Region davon abhalten, die Schule zu besuchen."

Die Ziele der Entwicklungsorganisationen sind, abgesehen von einer generellen Verbesserung der Lebensverhältnisse, an der Realisierung konkreter Projekte festzumachen. Wir haben die Experten der genannten österreichischen NRO´s mit der Frage konfrontiert, ob sie ihre Projekte – die von privaten Spendern und öffentlichen Geldgebern finanziert werden – erfolgreich umsetzen können. Die Experten sind sich einig, dass jedem erfolgreichen Projekt eine gute und aufwendige Situationsanalyse voraus gehen muss. Es braucht im Vorfeld eine genaue Planung, eine konkrete Zielsetzung, sowie eine geeignete Struktur, um die geplanten Projekte auf die örtlichen Rahmenbedingungen und die jeweilige Situation hin auszurichten. Auf unsere Frage, *inwieweit die im Vorfeld gesetzten Ziele eines Projektes dann tatsächlich umgesetzt werden können*, gibt uns der Mitarbeiter von *Menschen für Menschen* folgende Antwort:

> „Die gesetzten Ziele können mit sehr hoher Wahrscheinlichkeit alle erfüllt werden. Der Projektansatz der gemeinsamen Planung aller Stakeholder schafft schon im Vorhinein klare Verhältnisse und realistische Ziele. Diese werden laufend evaluiert und revidiert, falls notwendig. Im Regelfall gibt es daher keine Schwierigkeiten mit der zeit- und ressourcengerechten Umsetzung."

Die Entwicklungszusammenarbeit findet in vielen Fällen in enger Zusammenarbeit mit örtlichen Partnern statt, wie Bauernverbänden, Dorfgemeinschaften, einheimischen Hilfsorganisationen oder Botschaften. Es ist daher wichtig, die Kapazitäten dieser lokalen Partner richtig einzuschätzen, um einen reibungslosen Projektverlauf gewährleisten zu können. Neben den Projektpartnern gibt es auch äußere Einflüsse und Risiken, die es gilt in die Planung einzukalkulieren; so etwa klimatische, wirtschaftliche, politische Veränderungen, oder plötzliche Umweltkatastrophen.

Man muss sich auch im Vorhinein schon überlegen, wie die Projekte später ohne die Unterstützung durch die NRO´s weiterlaufen werden. Dies betrifft Fragen institutioneller, organisatorischer sowie finanzieller Art. Es hängt natürlich von der Dimension des einzelnen Projektes ab. Ein gewöhnlicher Trinkwasserbrunnen ist selbstverständlich einfacher in Betrieb zu halten und zu finanzieren als eine Schule oder ein Krankenhaus. Neben einer guten und langfristigen Planung, ist es sehr wichtig, die betroffenen Menschen und die zuständigen

Politiker, immer wieder zu besuchen und zu motivieren um einen möglichst langfristigen Erfolg sicherstellen zu können.

Wirksamkeit und Nachhaltigkeit von Entwicklungszusammenarbeit

Spricht man von Nachhaltigkeit der Entwicklungshilfe, muss zuerst eine Unterscheidung zwischen ‚Nachhaltigkeit' (sustainability) und ‚Wirksamkeit' vorgenommen werden. Weiters ist eine definitorische Abgrenzung von dem auf die Projekt- und Programmebene bezogenen Nachhaltigkeitsbegriff vorzunehmen (vgl. Stockmann 1996: 17).

Nachhaltigkeit

Den Ursprung hat der Begriff der nachhaltigen Entwicklung in der *Rio-Konferenz über Umwelt und Entwicklung (1992)*, in der die Erkenntnisse des Brundtland Berichtes von 1987 aufgegriffen wurden. Es wurde die so genannte *Agenda 21* aufgestellt. Nachhaltige Entwicklung soll die Bevölkerung dazu bringen, ihre Lebensbedingungen eigenständig zu verbessern, ohne sich an anderen Ländern zu messen. Somit steht die *Hilfe zur Selbsthilfe* im Vordergrund.[4]

Generell gilt Nachhaltigkeit als eine über kurzfristige Lösungen hinausgehende Strategie, als eine Entwicklungspolitik, die über die Gegenwartsorientierung und ihre von Versuchen und Irrtümern geleitete Umsetzung hinausreicht. Im Mittelpunkt stehen die Diffusionsfähigkeit, die langfristige Tragbarkeit und die Folgenberücksichtigung entwicklungspolitischer Lösungen (besonders auch für zukünftige Generationen). Für alle Entwicklungsorganisationen ist die Nachhaltigkeit von Entwicklungshilfe in den letzten Jahren zu einem Erfolgskriterium geworden. So wurde die Nachhaltigkeit von technischer, personeller und finanzieller Unterstützung eine *zumindest implizite Zielsetzung mit übergeordneter Gültigkeit* (vgl. Stockmann 1996: 17). Nachhaltige Entwicklung bedeutet, Projekt-Interventionen in nachhaltige Entwicklungsprozesse umzusetzen, in gesellschaftliche Innovationen, welche die materiellen und ideellen Lebensbedingungen der lokalen Bevölkerung langfristig verbessern (vgl. Stockmann/Gaebe 1993: 25-26).

Man ist sich zwar über die Bedeutung des Nachhaltigkeitskonzepts einig, jedoch gibt es sehr unterschiedliche Definitionen. Man kann diese wie folgt auf einen Nenner bringen: Ein Entwicklungsprogramm bzw. –projekt gilt als nachhaltig, „wenn es in der Lage ist, für eine ausgedehnte Zeitperiode ein angemessenes Niveau von Nutzen sicherzustellen, nachdem die finanzielle, organisatorische und technische Hilfe eines externen Gebers beendet ist" (Stockmann 1996: 17). Allerdings wird hier die ausgedehnte Zeitperiode nicht näher festgelegt, sondern es wird angemerkt, dass dies von Projekt zu Projekt variiert. Der geschaffene Nutzen ist dann gegeben, wenn der Nutzenstrom bezüglich der Investitions- und Folgekosten zur Erhaltung des Nutzens als vernünftig beurteilt werden kann.

Wirksamkeit

---

[4] http://de.wikipedia.org/wiki/Entwicklungspolitik, Zugriff am: 03.02.2009

Der Nachhaltigkeitsbegriff bezieht sich auf die langfristigen Wirkungen. Er beinhaltet jene Wirkungen, die nach der Förderung eines Projektes oder Programms (am Ende der Entwicklungszusammenarbeit) entstanden sind (vgl. Stockmann 1996: 17). Die Wirksamkeit lässt sich am besten anhand von Katastrophenhilfe illustrieren. Diese ist wirksam, weil sie den Betroffenen unmittelbar hilft, allerdings wird hierbei nicht auf Langfristigkeit bzw. Nachhaltigkeit abgezielt.

Bewertung von Entwicklungszusammenarbeit (Ex-Post-Evaluierungen)

Um den Erfolg der Entwicklungszusammenarbeit beurteilen zu können, muss man auf der Ebene der Programme/Projekte ansetzen, die punktuelle und manchmal auch miteinander vernetzte Veränderungen anstreben. Ex-Post-Evaluierungen spielen bei Nachhaltigkeitsuntersuchungen eine besonders große Rolle. Denn sie ermöglichen distanzierte Betrachtungen, komparative Analysen und das Ausloten grundsätzlicher Strategien. Dadurch bieten Ex-Post-Evaluierungen zusätzliche Lernpotentiale und übermitteln neue Erkenntnisse. Durch die Evaluierung kann schließlich festgestellt werden, ob langfristig tragfähige Lösungen entwickelt wurden, sodass die Zielgruppen (mindestens) die mit dem Projekt erreichten Veränderungen ohne fremde Hilfe dauerhaft weiterführen können. Als Irrtum erweist sich der Glaube, dass aus dem Geschehen während der Förderlaufzeit geschlossen werden könne, wie es nach dem Förderende weitergehe. Aus den Ex-Post-Evaluierungen können jedoch Rückschlüsse auf ‚richtige' und ‚fehlerhafte' Entscheidungen während der Planungs- und Durchführungsphase gezogen werden (vgl. Stockmann/Gaebe 1993: 218-220).

Da bisher erst wenige Ex-Post-Evaluierungen durchgeführt wurden, gibt es kaum eine genaue Aussage über die Anzahl nachhaltig wirksamer Projekte. Auch die Weltbank, für die die Kontrolle ihrer Projekte einen großen Stellenwert hat und die dafür ein gutes methodisches Instrumentarium entwickelt hat, führt ihre Ex-Post-Evaluierungen nur selten vor Ort durch. Es gibt hier zwar Abschlussberichte, die ein bis zwei Jahre nach Beendigung der finanziellen Hilfeleistung verfasst werden. Diese basieren aber auf den von Mitarbeiterstäben rückblickend verfassten Einschätzungen, welche die erzielten Ergebnisse im Hinblick auf die ursprünglich aufgestellten Ziele analysieren. Man versucht hierbei auch, die Ursachen für Erfolge und Misserfolge zu ergründen. Um eine gewisse Objektivität der Berichte zu erreichen, werden sie durch eine Stellungnahme des unabhängigen *Operations Evaluation Department* ergänzt. Durch die steigende Anzahl von Projekten ist es jedoch nicht mehr möglich, jedes Projekt der Weltbank solch einer Prüfung zu unterziehen (vgl. Stockmann/Gaebe 1993: 6-19). Entwicklungsvorhaben müssen helfen, die Steuerungs- und Problemlösungskapazität der lokalen Bevölkerung so zu vergrößern, dass innovative Verhaltensänderungen möglich sind (vgl. Stockmann/Gaebe 1993: 28).

Betrachtet man die Innovations- und Diffusionswirkungen von Projekten, so lassen sich idealtypisch fünf denkbare Fälle einer Umsetzung von Projekt-Interventionen in innovative Entwicklungsprozesse unterscheiden: 1. nachhaltig erfolgreich, 2. kurzfristig erfolgreich, 3. ohne Wirkung, 4. nachhaltig verschlechternd, 5. kurzfristig verschlechternd, nachhaltig langfristig erfolgreich. Anzustreben ist der erste Fall. Um einen nachhaltigen Innovationsprozess zu erhalten, müssen Neuerungen flexibel und dem

Problemlösungsfortgang entsprechend adaptiert und modifiziert werden. Das Innovationsverhalten kann als eine Funktion von vier Variablen (Einflussbündeln) dargestellt werden. Im Folgenden werden jene Faktoren aufgelistet, die im Innovationsprozess besonders wichtig sind. Damit kann man Bedingungen idealtypisch formulieren, bei denen Nachhaltigkeit von Entwicklungsprojekten unwahrscheinlicher bzw. wahrscheinlicher ist (vgl. Stockmann/Gaebe 1993: S. 29-37).

1) *Handlungsrechte (poverty rights)*
Handlungsrechte sind als legitim anerkannte Handlungsmöglichkeiten definiert und umfassen normative Beschränkungen von Handlungen. Als Beispiel hierfür sind kodifizierte Rechte und Verbote, soziokulturelle Werte und Normen und konkrete Auflagen und Vorschriften legitimer religiöser, politischer und ökonomischer Führungsgruppen zu nennen. Hält man sich an diese Handlungsrechte bzw. arbeitet mit ihnen, so ist mit hoher Wahrscheinlichkeit die Nachhaltigkeit von Projekten gesichert.

2) *Kompetenz*
Die ‚Neuerer' müssen gewisse personelle und organisatorische Fähigkeiten aufweisen. Als Beispiel hiefür können Erfahrung, Können, Kreativität, und wirtschaftliches sowie technisch-organisatorisches Entwicklungsniveau genannt werden.

3) *Motivation*
Sind gewisse Innovationsmöglichkeiten erlaubt und fallen diese in den Kompetenzbereich eines Individuums oder einer Gruppe, so müssen diese auch dazu motiviert sein, die Innovationen durchzusetzen.

4) *Gesellschaftliche Umwelt*
Diese beeinflusst das Verhalten des Innovators bzw. der Neuerer-Gruppe wesentlich. So spielen neben der natürlichen Umwelt (Klima, Geografie) auch die gesellschaftlichen Rahmenbedingungen (international, national, regional sowie lokal) bei der Durchsetzung von Neuerungen eine bedeutende Rolle. Als Beispiel sind hier unter anderem die Rechtsordnung, die Wirtschafts- und Sozialordnung sowie die politische Ordnung einer Gesellschaft zu nennen.

Grundprobleme der Entwicklungshilfe

An Entwicklungspolitik bzw. –zusammenarbeit wird vielfach grundsätzlich Kritik geübt und zwar nicht nur von Experten in reichen Ländern (vgl. Nuscheler 2004 als Überblick http://de.wikipedia.org/Entwicklungspolitik.). So fordert die aus Sambia gebürtige, in Oxford und Harvard ausgebildete Ökonomin Dambisa Moyo (2009) in ihrem Bestseller *Dead Aid: Why Aid is not working and how ist there a better way for Africa* ein Ende der Entwicklungshilfe. Sie anerkennt zwar die humanitäre und karitative Hilfe, kritisiert sie aber auch. Laut ihr wird oft schlecht gemanagt, die Hilfe oft mit hohen Verwaltungskosten verbunden und ist nicht selten ohne lokalen Bezug. Zudem widerstrebt es ihr, dass Entwicklungshilfe, egal in welcher Form, immer als etwas Gutes angesehen wird. Ein weiterer Kritikpunkt ist, dass die öffentliche Debatte der Probleme Afrikas mehr oder weniger selbstverständlich von weißen, nicht afrikanischen Männern bestimmt wird, wobei es doch viele intelligente afrikanische Führer gäbe.[5] Der bekannteste Kritiker der Entwicklungshilfe, der kenianische Ökonom James Shikwati, argumentiert, dass die Afrikaner selbst für die ungeheuren Probleme ihres Kontinents verantwortlich sind. Die Friedensnobelpreisträgerin von 2004, Wangari Maathai aus Kenia, weist darauf hin, dass afrikanische Staatsmänner auf internationalen Konferenzen immer wieder mehr Hilfe von den reichen Ländern fordern, selbst es aber in mehrfacher Weise versäumen, ihrer Bevölkerung Wissen über die schlimmsten einheimischen Krankheiten, wie Aids und Malaria beizubringen bzw. infrastrukturelle Einrichtungen und Hilfsmittel bereitzustellen, wodurch sie effektiver reduziert werden könnten (wie sauberes Wasser, Latrinen, Malarianetze usw.) (Maathai 2009, 63 ff.).

So soll die Hilfe aus der Sicht vieler weiterer Autoren vor allem den herrschenden Eliten nutzen, ungerechte Machtstrukturen stabilisieren, einheimische Produkte und Märkte zerstören (etwa durch den Transport von billigen, will in den Herkunftsländern subventionierten Lebensmitteln) und sogar die Ausbeutung der Dritten Welt ermöglichen.

Nachhaltigkeit österreichischer Entwicklungszusammenarbeit

Unsere Hypothese 3 lautet: *Die Befragten der Organisationen halten ihre Projekte für nachhaltig wirksam, weil sie hauptsächlich die Wirksamkeit des Projektes bewerten und nicht ihre Nachhaltigkeit. Auch wenn ein Projekt während der Aufbauphase wirksam ist, so heißt es noch nicht, dass es auch wirksam weiterläuft, wenn der letzte Mitarbeiter der Geberorganisation das Entwicklungsprojekt verlässt. Ex-post-Evaluierungen werden aufgrund von zeitlichen und budgetären Gründen nur selten durchgeführt.*

Ein Problem sind die unscharfen Definitionen von nachhaltiger Entwicklung. Neben der vagen Definition von Zeitperiode und Nutzen, welche bereits in dem Abschnitt *Nachhaltigkeit* dargelegt wurde, gibt es noch weitere Defizite. So sind zum Beispiel viele Definitionen projekt- und nicht entwicklungsorientiert und beziehen sich somit im Grunde auf den falschen Gegenstand (vgl. Stockmann/Gaebe 1993: 26-27).

Allgemein ist zu unterscheiden, welche Art von Hilfe die einzelnen Organisationen leisten. Da gibt es zum einen Projekte, bei denen der ‚Nachhaltigkeitsbegriff', so wie er von uns formuliert wurde, nur wenig Sinn macht (Bsp.: Krisenhilfe). So gut wie alle der von uns befragten Experten sind sich darüber einig, dass der Erfolg ganz besonders von der Art der Planung abhängt. *Menschen für Menschen* verfolgt dabei den Projektansatz der gemeinsamen Planung, bei dem schon im Vorhinein klare Verhältnisse und realistische Ziele geschaffen werden; diese werden laufend evaluiert und wenn nötig auch revidiert. Somit werden die Projekte schon in der Planungsphase auf ihre Nachhaltigkeit geprüft.

Für die Wirksamkeit ihrer Projekte ist die Miteinbeziehung der Bevölkerung vor Ort bzw. die Anpassung an das jeweilige Land, welches unterstützt wird, von großer Bedeutung. Hat man den Zugang zur einheimischen Bevölkerung erst einmal geschaffen, ist die Zielgruppe meist

---

[5] http://www.zeit.de/2009/23/P-Moyo-Dambisa?page=all, Zugriff am 03.02.2009

sehr offen gegenüber dem Projekt bzw. der Hilfsorganisation. *Menschen für Menschen* hat hier einen besonders guten Ansatz. So hält man beispielsweise seit 1981 am *Grundsatz der Integrierten ländlichen Entwicklung* fest, bei dem der einzelne Mensch und seine soziale Verortung im Mittelpunkt des Interesses steht. So sind in Äthiopien von den 800 Mitarbeitern dieser Organisation nur vier aus Europa; dadurch fallen auch diverse Barrieren wie Sprache oder Kultur weg. Je mehr die Mitarbeiter der Hilfsorganisationen versuchen, sich in die Gesellschaft des zu unterstützenden Dorfes oder Landes zu integrieren, desto positiver sind die Menschen eingestellt, denen geholfen werden soll. Die Kenntnis der Kultur, Sprache und der Bedürfnisse der Bevölkerung ist zentral für die Wirksamkeit der jeweiligen Projekte. Nur wenn die Menschen, welche unterstützt werden sollen, Vertrauen zu den Hilfsorganisationen fassen und somit aktive Mitarbeit bei den Entwicklungsprojekten leisten, kann ein Projekt erfolgreich sein.

Weiters ist bei vielen Organisationen die Zusammenarbeit mit regionalen oder staatlichen Organisationen wichtig. Denn nicht immer heißen die regionalen Politiker die Projekte willkommen. Eine sorgfältige Analyse der Projektträger und gute Kontakte zu den politischen Vertretern sind unumgänglich. So halten auch die MitarbeiterInnen der Österreichischen Entwicklungszusammenarbeit laut Auskunft von Dr. Moll regelmäßige Planungssitzungen mit den lokalen Behörden ab.

Ein konkretes Beispiel für Nachhaltigkeit und Wirksamkeit der Entwicklungszusammenarbeit kann man am Beispiel der Organisation *Licht für die Welt* erläutern, welche vor allem Basisgesundheitsvorsorge für Menschen mit Behinderung und im Speziellen mit Augenkrankheiten leistet. *Licht für die Welt* arbeitet mit dem staatlichen Gesundheitszentrum bzw. direkt mit der Regierung zusammen, indem sie beispielsweise medizinische Ausrüstung verschickt und für die Ausbildung von Augenärzten in Äthiopien gesorgt wird. Diese Organisation hilft augenkranken Menschen dazu, wieder sehen zu können. Durch eine Sehbehinderung werden die betroffenen Menschen meist aus dem sozialen Leben ausgegrenzt und benötigen ständig fremde Hilfe. Aufgrund der Augenoperation können sie wieder sehen und stehen somit wieder im sozialen Leben, wodurch auch ihr sozialer Status wieder steigt. Somit könnte man eigentlich davon ausgehen, dass dieses Projekt sowohl wirksam als auch längerfristig nachhaltig ist. Doch oft kommen die Menschen, denen durch die Operation geholfen wurde, nicht zur Nachuntersuchung, was sich wiederum negativ auf die Heilung auswirken kann.

Bezüglich der Nachhaltigkeit eines Projektes muss eines erwähnt werden: es ist sehr schwer, die Nachhaltigkeit zu beurteilen, denn der Erfolg eines Projektes lässt sich eben nicht nur durch Zahlen festmachen. Zudem muss man zwischen ökonomischer, institutioneller und soziokultureller Nachhaltigkeit unterscheiden. Ein Experte von *Horizont 3000* hat diese drei Bereiche wie folgt definiert:

- Ökonomische Nachhaltigkeit: *Diese ist gegeben, wenn die aufgebauten Strukturen in der Lage sind, sich auch nach Ablauf der Projektlaufzeit weiter zu finanzieren, entweder durch gesteigerte Erträge oder dadurch, dass die lokalen Regierungsstellen bestimmte Finanzierungen mit zu tragen beginnen.*

- Institutionelle Nachhaltigkeit: *Diese ist dann gegeben, wenn die aufgebauten Strukturen nicht in sich zusammenfallen, sobald die ausländischen Ressourcen nicht mehr da sind.*
- Soziokulturelle Nachhaltigkeit: *Ist dann gegeben, wenn das Projekt ausschließlich jene Methoden und Technologien verwendet, die von der lokalen Bevölkerung leicht angenommen bzw. angewandt werden können.*

Allerdings ist kaum ein Projekt ökonomisch nachhaltig. Denn schließlich brauchen ja die unterstützten Länder und Dörfer die Hilfe der Entwicklungsorganisationen, weil sie die Projekte nicht selbst finanzieren können (so ein Experte von *Licht für die Welt*).

Um einen möglichst langen Erfolg eines Projektes zu gewährleisten, ist es bei vielen Projekten von großer Bedeutung, dass Arbeitskräfte vor Ort unterstützt und ausgebildet werden. Dies ist unter anderem bei *Horizont 3000* der Fall. Somit kann das Projekt auch nach Abzug der Geberorganisation weiterlaufen. Damit können die übermittelten Fertigkeiten und das Wissen der Zielgruppe auch in Zukunft genutzt werden.

Um die Wirksamkeit und Nachhaltigkeit von Projekten der Entwicklungszusammenarbeit zu bewerten, gibt es Ex-post Evaluierungen. Diese werden jedoch eher selten gemacht, da sie mit einem enormen Aufwand und Kosten verbunden sind. Oft bekommen die Hilfsorganisationen nach Abzug von den Projekten Zahlen und können diese somit kontrollieren bzw. bewerten. Viele Projekte werden oft auch nur am Ende ihrer Laufzeit bzw. wenn die Kooperation mit dem lokalen Projektpartner zu Ende geht, evaluiert. Evaluierungen werden meist mittels Evaluierungsleitfaden durchgeführt und erfolgen in Form von Interviews und Besprechungen mit lokalen Projektpartnern, den Zielgruppen sowie dem Projektteam. So wird bei *Menschen für Menschen* zum Beispiel der ganze Prozess, die MitarbeiterInnen und der Impact auf die Bevölkerung gemessen. Weiters kann auch noch eine Analyse der Projektunterlagen erfolgen. Am Ende wird ein Evaluationsbericht erstellt, welcher Empfehlungen enthält, was geändert werden soll. Bei manchen Organisationen werden auch regelmäßig externe Evaluierungen durchgeführt, bei denen das Projekt evaluiert wird.

Insofern es aufgrund der relativ kleinen Anzahl an Experteninterviews möglich ist, eine Aussage bezüglich unserer Hypothese 3 zu treffen, kann man sagen, dass sie bestätigt wird. Die meisten Experten halten ihre Projekte für nachhaltig wirksam; Ex-Post-Evaluierungen werden jedoch eher selten über einen längeren Zeitraum durchgeführt. Daraus kann man schließen, dass bei vielen Entwicklungsprojekten schlichtweg unbekannt ist, ob sie nachhaltig sind oder nicht.

Zusammenfassung

Diese Arbeit untersuchte die Ziele, die Wirksamkeit und die Probleme der Entwicklungshilfe von heute. Interviews mit sechs Experten von österreichischen NRO's ergaben, entgegen unserer Hypothese, dass die Ziele der EZA in Äthiopien sehr wohl umgesetzt werden können. Wenn auch nur bescheidene Erfolge erzielt werden können, so kann die Entwicklungshilfe die schwierige Situation Äthiopiens doch ein stückweit verbessern. „Es braucht allerdings Zeit und viel Geduld, um die Lebensbedingungen von Menschen in einem Entwicklungsland langfristig zu verbessern", so Walter Macher, Geschäftsführer von *ADRA Österreich* im Interview. Die Analyse der Interviews bestätigt unsere Vermutung, dass die befragten Mitarbeiter fast ausschließlich eine positive Einstellung zum Thema Entwicklungszusammenarbeit haben und kaum auf Schwächen oder Probleme, geschweige denn auf Kritik eingehen. Die subjektive Einschätzung der Experten muss sicherlich kritisch hinterfragt werden, da es natürlich im Interesse der NRO's steht, ihre Projekte als wirksam und nachhaltig darzustellen. Beim Thema Wirksamkeit und Nachhaltigkeit der Entwicklungshilfe war auffallend, dass die wenigsten Organisationen Ex-Post-Evaluierungen durchführen und wenn, dann meist nur ein einziges Mal. Anzumerken ist allerdings, dass sich Entwicklungshilfe nicht immer an Zahlen festmachen lässt und sich ihre Wirksamkeit und Nachhaltigkeit oft nur schwer messen lässt.

Literaturverzeichnis

Maathai, Wangari (2009), The challenge for Africa. A new vision, London: Heinemann

Mayring, Philipp (2007), Qualitative Inhaltsanalyse: Grundlagen und Techniken, Weinheim (u.a.): Beltz.

Moyo, Dambisa (2009), Dead Aid: Why Aid is not working and how is there a better Way for Africa, New York: Farrar, Straus and Giroux

Nuscheler, Franz (2004), Lern- und Arbeitsbuch Entwicklungspolitik, Bonn: Dietz Verlag

Schubert, Bernd (1993), „Nachhaltigkeit, was ist das? Definitionen, Konzepte, Kritik", in: Stockmann, Reinhard, Gaebe, Wolf (Hg.), *Hilft Entwicklungshilfe Langfristig?* Opladen: Westdeutscher Verlag S. 43-55

Stockmann, Reinhard, Gaebe, Wolf (Hg.) (1993), Hilft Entwicklungshilfe Langfristig? Opladen: Westdeutscher Verlag S. 207-221

Stockmann, Reinhard (1996), Die Wirksamkeit der Entwicklungshilfe, Opladen: Westdeutscher Verlag